闯进古文才子班

秒懂漫画文言文
（悦读版）　第一辑（1）

语小二 · 编绘

人民邮电出版社

北　京

图书在版编目（CIP）数据

闯进古文才子班：秒懂漫画文言文：悦读版. 第一
辑 / 语小二编绘. -- 北京 ：人民邮电出版社，2023.9（2024.2重印）
ISBN 978-7-115-61996-9

Ⅰ. ①闯… Ⅱ. ①语… Ⅲ. ①文言文－通俗读物
Ⅳ. ①H194.1

中国国家版本馆CIP数据核字(2023)第120064号

内 容 提 要

　　古典文学是我国传统文化中的璀璨明珠。千百年来，我国涌现了大量文学
名家，他们创作的作品题材广泛、影响深远，他们的名篇名作穿越千年，散发
出夺目的光芒。本书选取了我国历史上的五位文学名家——司马迁、贾谊、司
马相如、蔡文姬、曹植，将他们的人生经历、创作历程用漫画展现出来，并对
他们的名篇名作加以介绍，以期通过这种方式让读者走近古代文学名家，了解
名篇名作创作背后的故事，领略名篇名作的魅力。

　　本书适合中小学生以及其他对古典文学感兴趣的读者阅读。

◆ 编　　绘　语小二
　　责任编辑　付　娇
　　责任印制　周昇亮

◆ 人民邮电出版社出版发行　　北京市丰台区成寿寺路 11 号
　邮编　100164　　电子邮件　315@ptpress.com.cn
　网址　https://www.ptpress.com.cn
　天津善印科技有限公司印刷

◆ 开本：880×1230　1/32
　印张：5.5　　　　　　　　　2023 年 9 月第 1 版
　字数：211 千字　　　　　　　2024 年 2 月天津第 2 次印刷

定价：39.80 元（全 5 册）

读者服务热线：(010)81055296　印装质量热线：(010)81055316
反盗版热线：(010)81055315
广告经营许可证：京东市监广登字 20170147 号

大家好，我是语小二。

从 2020 年开始，我们创作了《闯进诗词才子班 秒懂漫画古诗词》系列作品，并分别在 2021 年和 2022 年出版了四辑图书。这四辑图书上市后，很多读者都非常喜欢，我们收到了无数条反馈意见。其中有两条意见特别突出。一条意见是"你们的作品中只有诗人、词人，可是还有其他许多古代文学名家并没有包括进来。怎么不讲讲他们的故事呢？"，另一条意见是"《闯进诗词才子班 秒懂漫画古诗词》系列作品确实可以帮助读者了解诗词、学习诗词，不过在中小学生的学习难点中，还有一类是文言文的学习，你们能不能创作一些漫画，把文言文的知识也涵盖进去呢？"。

这两条意见让我们陷入沉思。中国古典文学作品浩如烟海，文学名家灿若繁星，如果能把他们的故事和名篇佳作也用漫画讲述出来，那将是一件多么有意义的事情！于是，经过大量的梳理工作，我们筛选出了二十位中国古代文学名家，把他们聚集在一个班级——"古文才子班"里，通过富有想象力的漫画来讲述他们的人生故事，并将他们在不同人生阶段创作的名篇佳作融入故事中，讲明这些名篇佳作的创作背景，同时用简洁的文字对作品内容予以诠释。

在本系列图书中，我们还设置了"拓展学堂"，以期通过这个栏目，介绍更多的古典文学知识。

如果我们这一次微小的努力，可以帮助读者更好地了解书中的每一位古代文学名家，拉近读者与名篇佳作之间的距离，使读者对中国古典文学产生兴趣，那就太棒了！

语小二 漫扬文化

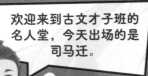

欢迎来到古文才子班的名人堂，今天出场的是司马迁。

姓名：司马迁　字：子长

号：无　别名：太史公

性别：男　籍贯：夏阳龙门（今陕西韩城）

生卒年：约公元前 145 年一？

外貌特征：神采奕奕

最喜欢或最擅长的事：著述历史

在古文才子班上第一个出场，太让我开心了！

不朽的史家
司马迁 "皇帝"

在古文才子班上，第一位出场的同学是司马迁，

因为这是一位我们熟悉的伟大人物。

说我们熟悉他，是因为很多脍炙人口的故事都出自他的笔下，

比如将相和、田忌赛马、鸿门宴；

说他伟大，是因为他创作了《史记》这一鸿篇巨制。

在后人看来，他是史家的"皇帝"，

《史记》则是古代所有史书里的"皇帝"。

司马迁，夏阳龙门（今陕西韩城）人，

大概出生于公元前 145 年。

司马迁祖上世为史官，

负责给朝廷观察天文，修订历法以及记录历史。

司马迁的父亲司马谈在史学方面也有相当高的造诣。

可以说，司马迁是有家学渊源的。

在司马迁很小的时候，

司马谈就教导他读书写字，

到十岁时，司马迁已经能够诵读古文。

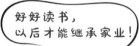

好好读书，
以后才能继承家业！

不过司马谈的工作很忙，常年在长安（今陕西西安）上班，
没法天天盯着司马迁学习。
司马迁就像许多精力旺盛的孩子一样，
在搞好学习之余，调皮捣蛋，搞恶作剧。

这个"小魔王"很让父老乡亲们恼火。
有一天，父老乡亲们终于松了一口气。
因为司马谈带领全家人迁到了长安附近的茂陵居住。

古代帝王有在活着的时候就为自己修陵墓的习惯。

茂陵，就是汉武帝刘彻为自己修的陵墓。

这是一个巨大的工程，开始之后迅速带动周边发展，

很多人都把家搬到了茂陵附近。

刘彻只比司马迁大十几岁，是一个精力旺盛又雄心勃勃的青年，

梦想开创一个连秦也无法比肩的超级帝国。

此时的司马迁呢？

虽然极有才华，但他还不知道自己肩负的历史使命。

对司马迁来说，搬到茂陵附近只是搬到了一个非常繁华的地方。

不过，很快他和刘彻的命运就要产生交集了。

一个用剑，一个用笔，

分别开创自己的帝国。

来到恢宏的长安，司马迁一下子打开了视野。

司马谈是个学问渊博、知识丰富的人，

此时正担任太史令。

当时的太史令掌管天文、历法，管理国家档案，

相当于国家天文台台长、国家图书馆馆长、国家档案馆馆长三职合一。

他不仅亲自教导司马迁，还给司马迁请了名师。

比如当时的大学者董仲舒、孔安国，

都当过司马迁的老师。

读万卷书，行万里路。

司马迁不仅读了很多书，还踏出家门，进行了一场长达数年的"自驾游"。

司马迁"自驾游"的目的不是游览风景，

而是协助司马谈搜集散佚在民间的史料。

因为司马谈作为太史令，编修史书也是他的职责。

此次出游，司马迁走了大半个汉帝国，探访了无数历史名城和古迹。

舜帝漂流的湘江、大禹治水的遗迹，

孔子周游的列国、"战国四公子"叱咤风云的古城……

踏过千山万水，目睹山河辽阔，

司马迁因自己的国家产生了强烈的自豪感。

当沉睡在传说中的一具具骨架，
在后人生动的讲述中逐渐丰满起来的时候，
哪个热血男儿能不心驰神往？
当想到那些大人物在历史舞台上的精彩表现的时候，
哪个热血男儿不想像他们一样名留青史？
大概就是在这次游历中，
司马迁产生了名留青史的念头。

人生在世，
当青史留名，
让后人敬仰。

3

游历归来后不久，司马迁入仕，
做了汉武帝刘彻的郎中。
这里所说的郎中可不是大夫，
而是皇帝的近身侍卫，
负责保卫皇帝的安全，
也为皇帝出谋划策。
郎中虽然品级不高，但"近水楼台先得月"，
离皇帝很近，容易被皇帝熟悉、提拔。

司马迁

小伙子，好好干！

郎中的直属上司是郎中令。司马迁入仕时，郎中令是飞将军李广。
司马迁对李广十分敬重，
这也是李广后来在《史记》中被描写得栩栩如生的原因之一。

我可以去见我的偶像了！

大汉建立初期，国力羸弱，四周的强敌虎视眈眈。
为了生存，大汉只能忍辱负重，积蓄国力，
以和亲换取与匈奴之间的和平。
而在司马迁生活的时代，
大汉国力强盛，雄心勃勃的刘彻登基之后四面开边，
大漠、戈壁、草原、丛林、深山、雪域，几乎处处都有汉军的征战声，
那是那个时代的最强音。

司马迁非常幸运，他作为刘彻的近身侍卫，
近距离地看到了雄心勃勃的皇帝通过一道道诏令，
把雄心壮志变成了触手可及的胜利。

司马迁对国家的自豪感越来越强，
他亲眼看到自己的国家变得越来越强盛，
觉得自己应该做点什么，就像那些伟大的人物，留下自己的印迹。

4

很快，司马迁得到了一个机会。

元鼎六年（公元前 111 年）正月，

司马迁被汉武帝任命为郎中将出使西南。

当时的西南地区并不太平，司马迁作为钦差大臣，

在西南地区设郡置吏，制定管理制度，圆满完成了任务。

如果一切顺利，司马迁可能会得到升迁，

跟随在汉武帝身边，继续为汉武帝开疆拓土的事业添砖加瓦。

不过，就在回程时，他家里发生了变故。

他的父亲司马谈生了重病，眼看就要不行了。

父亲，别丢下我！

司马迁

司马谈把修史作为一生的事业，临终之际，他对司马迁说：
"早在周朝，我们司马氏就以修史为业，修史是我们的传家本领。
上一部最好的史书是孔子编修的《春秋》，
从那以后，就没有什么像样的史书了。
因为列国争雄，诸侯相杀，那段历史记载得凌乱不堪。
可我们有幸生在一个伟大的时代，海内统一，君贤臣忠。
我本想修一部史书，
记录从上古到当今皇帝获得麒麟之间的历史，
但这项任务我完不成了。
我死之后，你一定会成为太史令。
我把修史的任务交给你，你务必完成。"

司马谈留给司马迁的，是一项艰巨的任务。

司马迁没有犹豫，在父亲的病榻前，他含泪承诺，必定完成父亲的遗命。

也就是从这一刻开始，他找到了自己的人生使命——

完成这部伟大的史书的编修。

司马迁给父亲守孝三年之后，接替父亲的职位，担任太史令。
在这个职位上，司马迁兢兢业业。

为了把这部史书编修好，他做了很多努力和创新。
比如在史书的体例方面，在司马迁之前，史书的通行体例是编年体，
就是按年月日这样的时间顺序记述历史，
例如某年一月发生了什么、二月发生了什么……
这样做的优点是事情发生的次序很清晰，缺点是支离破碎，
比如一件事情发生、发展好几年，
一项制度经过创立、变化，一个人活几十年，
那么要了解这件事情的前因后果、这项制度的发展变化、这个人的事迹，
就得到几年、几十年的历史记述中去翻查、寻找，
而如果仅仅看其中任何一年月日的记述，
往往让人一头雾水，抓不住重点。
为解决这个问题，司马迁别出心裁，开创了独特的纪传体。

纪传体的特点是将一个人的生平或一件事的始末按一定顺序讲述清楚，主线很清晰，读起来像在看故事，引人入胜。

修史也是有方法的。

《史记》中的传记主要包括三个部分，大致来说，帝王的传记叫"本纪"，有传承与世袭的王侯和特别重要的人物的传记叫"世家"，杰出人物的传记叫"列传"。

可能有的人会产生疑问，
纪传体虽然不错，但这样时间线不就模糊了吗？
《史记》里有一部分内容叫"表"，
用于按照时间顺序分门别类地记载大事件，
这样就解决了时间线模糊的问题。
此外，《史记》里还有一部分内容叫"书"，
记载了维系国家运转的八个主要方面。
就这样，《史记》的体例就设定好了。

司马迁

在《史记》记载的年代方面，司马迁也很有自己的想法。

按照司马谈的设定，《史记》记事的上限是尧帝生活的年代。

司马迁则更有雄心，他打算从黄帝生活的年代记起。

司马迁是太史令，他利用职务之便，查看了许多珍贵史料。

司马迁很严谨，他过滤掉了许多一看就缺乏真实性的神话和传说。

在引用资料的过程中，

他往往利用经得起考据的资料讲朝代兴废的道理。

在司马迁的笔下，一个个历史人物变得鲜活起来。

读过《史记》的人，

谁不为张良复仇刺秦的故事而心弦紧绷？

谁不为项羽在垓下的穷途末路而悲叹？

真是太感人了！

这部史书在司马迁笔下渐渐成形，

如果没有意外，他将顺利完成这部史书的编修工作，抵达胜利的终点。

可是很快，意外就来了。

就在司马迁编修史书的时候，
刘彻从一名励精图治的皇帝，渐渐变得多疑、乖戾。
连太子也战战兢兢，
只把他当成天威难测的君主，
而不是温情脉脉的父亲。
刘彻依然热衷于开疆拓土，
但这给百姓带来了巨大的负担。

作为太史令，
司马迁觉得自己有义务把时代的变化记录下来。
于是，他记录了刘彻穷兵黩武中民生的凋敝、百姓的困苦，
记录了刘彻的挥金如土、纸醉金迷……

这些记录让刘彻渐渐心生不满，大为恼火，
而司马迁却没有意识到，危险离自己越来越近。

公元前99年，李广的孙子李陵率军五千人，出塞讨伐匈奴，
结果几乎全军覆没，李陵兵败被擒，暂时投降了匈奴。
刘彻震怒，痛斥李陵是叛徒，大臣们纷纷附和。其实，事情没有这么简单。
李陵率军打得很勇猛，几乎是用五千人对战匈奴的精锐部队，
并且打得敌军死伤无数，他们最终是在弹尽粮绝的绝境中才无奈投降的。

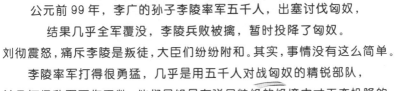

司马迁当年做郎中的时候就认识李陵，
他知道李陵不是"软骨头"，觉得事有蹊跷。
坦率的司马迁出于义愤，同时也希望平息刘彻的怒火，
在刘彻面前为李陵辩白。

司马迁的话让刘彻勃然大怒。后来，事态更加失控。
最终，汉武帝诛杀了李陵全家，李陵被逼，真的降了匈奴。
司马迁因为为李陵辩解而被汉武帝投入大牢，判了死罪。

如果司马迁家中很有钱，他可以花钱免罪。
但他家中并不宽裕，拿不出赎罪的钱，朋友们也不出面营救，
于是，司马迁在狱中陷入了绝境。

入狱后不久，司马迁等来了刘彻的新命令。

刘彻觉得司马迁毕竟是人才，这样杀了太可惜，

于是改判宫刑，让司马迁以宦官身份担任中书令。

宫刑，是一种极具羞辱性的刑罚。

面对宫刑，司马迁可以选择死亡，保全名节。

一死了之虽然容易，但书未成，名未立，这样的死亡有什么意义呢？

父亲的嘱托还萦绕在耳旁，修史的心愿还没有完成啊。

身在狱中，司马迁反复长叹，悲愤不已。

最终，他选择了接受宫刑，屈辱地活下来，以完成《史记》。

司马迁的命虽然保住了，
但接下来等待他的却是无尽的嘲笑和羞辱。
因为做宦官是一件非常丢人的事，几乎没有人看得起他。

在这样的眼光中，司马迁内心饱受折磨。
面对这样的境遇，司马迁还能坚持自己的理想吗？
司马迁曾经给一位叫任安的朋友写过一封信——《报任安书》。
通过这封信，我们能够看出李陵事件后司马迁的心迹。

古者富贵而名摩灭，不可胜记，
唯倜（tì）傥（tǎng）非常之人称焉。
盖文王拘而演《周易》；
仲尼厄（è）而作《春秋》；
屈原放逐，乃赋《离骚》；
左丘失明，厥（jué）有《国语》；

在这封信中，
司马迁说自己遭受宫刑后还隐忍苟活，就是为了完成《史记》。
他还留下了一句光照千古的名言。

人固有一死，或重于泰山，或轻于鸿毛。

司马迁

在日复一日的屈辱中，司马迁重新拿起笔，继续修史。
由于历经人生的曲折，他的思考更加深入，
他认为史书要有批判的功能，反面的东西也值得记载，
以留给后世，让人们以史为鉴。
从此，司马迁的笔下不仅有对贤君忠臣的歌颂，
也有对暴君佞臣的批判，这一改变深化了《史记》的主题。

磨难，是人生的一笔财富。

就是在这些信念的支撑下，
司马迁忍辱负重，前后一共用了十四年时间，
终于完成了辉煌无比的《史记》。

究天人之际，
通古今之变，
成一家之言。

这部史学巨著涵盖了上至上古传说中的黄帝时代，
下至汉武帝时代共三千多年的历史，
包括十二本纪、三十世家、七十列传、十表、八书，
共一百三十篇、五十二万六千五百余字。
司马迁终于完成了自己伟大的使命——编修《史记》，
他对得起自己，对得起父亲，对得起国家和时代。

拓展学堂

　　西汉王朝发展到武帝时期，文学创作空前繁荣，司马迁创作的《史记》横空出世，代表了古代历史散文的最高成就。鲁迅称它为"史家之绝唱，无韵之《离骚》"。《史记》的体例是纪传体，在此之前，中国古代史传文学作品有不同的体例，比如《尚书》的体例为记言体，《春秋》和《左传》的体例均为编年体，《国语》和《战国策》的体例为国别体。

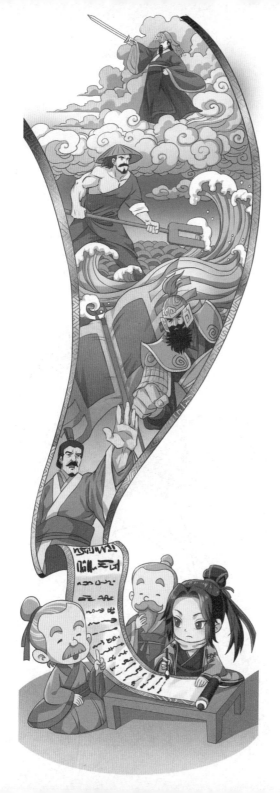

司马迁

最后，我们来简单总结一下。

司马迁是伟大的，因为他的人格魅力和坚守信念的执着；

《史记》是伟大的，因为它开创了纪传体的先河，

深刻影响了后来的史学、文学创作。

同时，《史记》还为中华民族塑造了共同的根脉回忆。

我们中国人无论身在何处，回顾祖国的历史时，

都会骄傲地说，我们是中华民族大家庭中的一员。

从这个意义上讲，司马迁无愧为史家"皇帝"。